Peces

Julie Murray

abdopublishing.com

Published by Abdo Kids, a division of ABDO, PO Box 398166, Minneapolis, Minnesota 55439. Copyright © 2016 by Abdo Consulting Group, Inc. International copyrights reserved in all countries. No part of this book may be reproduced in any form without written permission from the publisher.

Printed in the United States of America, North Mankato, Minnesota.

102015
012016

Spanish Translator: Maria Puchol

Photo Credits: Glow Images, iStock, Shutterstock, Thinkstock

Production Contributors: Teddy Borth, Jennie Forsberg, Grace Hansen

Design Contributors: Candice Keimig, Dorothy Toth

Library of Congress Control Number: 2015954414

Cataloging-in-Publication Data

Murray, Julie.

[Fish. Spanish]

 Peces / Julie Murray.

  p. cm. -- (Mascotas)

ISBN 978-1-68080-419-5

Includes index.

1. Fish--Juvenile literature. 2. Pets--Juvenile literature.   3. Spanish language materials—Juvenile literature.   I. Title.

639.34--dc23

2015954414

Contenido

Peces 4

Accesorios
para peces 22

Glosario 23

Índice 24

Código Abdo Kids . . .24

Peces

Los peces son unas excelentes mascotas.

Los peces pueden ser de muchos colores. Algunos son de **colores vivos**. Algunos tienen **rayas**.

Algunos son pequeños.

Pueden vivir en peceras.

Otros son grandes.

Necesitan vivir en acuarios.

Se ponen plantas y rocas en el acuario. Así los peces pueden esconderse.

Los acuarios tienen que mantenerse limpios.
Ellie limpia su acuario.

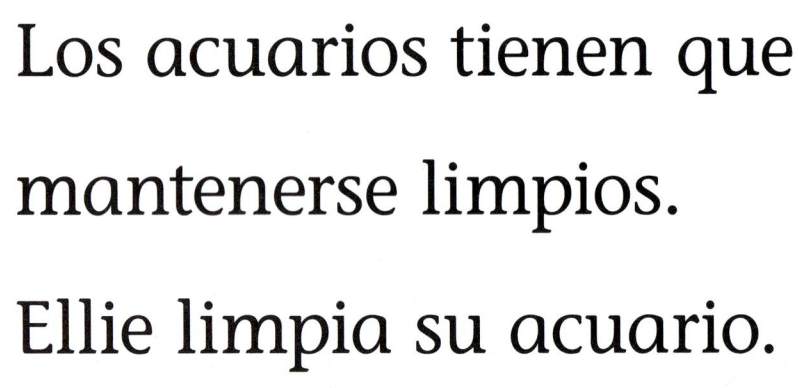

Los peces necesitan comer todos los días. Peter da de comer a su pez.

Observar a los peces es divertido. ¡Se pasan el día nadando!

¿Sería un pez una buena mascota para tu familia?

Accesorios para peces

comida en copos para peces

gravilla y plantas

escondites para la pecera

pecera

Glosario

colores vivos
color muy brillante y atrevido.

rayas
franjas de color que tiene diferentes colores a sus dos lados.

Índice

acuario 10, 12, 14

color 6

comida 16

limpiar 14

nadar 18

pecera 8

rayas 6

tamaño 8, 10

abdokids.com

¡Usa este código para entrar en abdokids.com y tener acceso a juegos, arte, videos y mucho más!

Código Abdo Kids:
FFK9017